# Nie płacz Lisku Chytrusku!

# Don't Cry, Sly !

retold by
Henriette Barkow

illustrated by
Richard Johnson

MANTRA

Umyj zęby! Uczesz włosy!
Lecz jakkolwiekby się Chytrusek
starał, jego Mamie nigdy to nie
wystarczało.

Mama Chytruska zawsze krzyczała -
Sprzątnij swój pokój! Zmyj naczynia!

"Brush your teeth! Comb your hair!"
And however much Sly did, it was
never enough for his mum.

Sly's mum was always shouting:
"Tidy your room! Do the dishes!"

W sąsiednim domku Mała Szkarłatka wszystko słyszała. Nie
znosiła tego, że Mama Chytruska stale wrzeszczała i krzyczała.

Next door Little Red could hear everything. She hated the way Sly's
mum always screamed and shouted.

Pewnego dnia usłyszała wrzask
- Chcę pieczonej kury!
Mała Szkarłatka ogromnie się
przestraszyła.

One day she heard a scream:
"I want roast chicken!"
And Little Red became very
very scared.

Chytrusek także się przestraszył, bo nigdy dotąd jeszcze
nie złapał kury, ale jako, że był sprytnym liskiem miał plan.

Sly was scared too, he'd never caught a hen before, but being
a smart fox he had a plan.

Gdy Mała Szkarłatka wyszła z domu, Chytrusek
zakradł się do niej do domu i czekał na jej powrót.

When Little Red went out Sly sneaked into her house and waited
and waited, until she returned.

Ratunku! Pomocy! - zawołała Mała Szkarłatka, gdy zobaczyła Chytruska i wskoczyła na górę półki.
Nie przeszkodziło to jednak Chytruskowi, bo miał przecież plan.

"Help! Help!" Little Red cried when she saw Sly and jumped up onto the top of the bookcase.
But that was no problem for Sly, after all, he was a fox with a plan.

Chytrusek zaczął się kręcić w
kółko, goniąc swój ogon. Obracał
się szybciej i coraz szybciej aż...

Sly started spinning round and round, chasing his tail.
Faster and faster he went until...

…Mała Szkarłatka spadła z półki prosto do worka – BUM!

Chytrusek ciągnął worek po schodach w dół –

BUM, BUM, BUM, BUM!

…Little Red fell down, down, down into the sack - THUMP!

Sly dragged the sack down the stairs -

THUMPADY, THUMPADY, BUMP!

Gdy jednak dotarł na sam dół, był tak zmęczony i tak mu się kręciło w głowie, że zasnął u progu schodów.

By the time he reached the ground he was so tired and dizzy that he fell asleep at the bottom of the stairs.

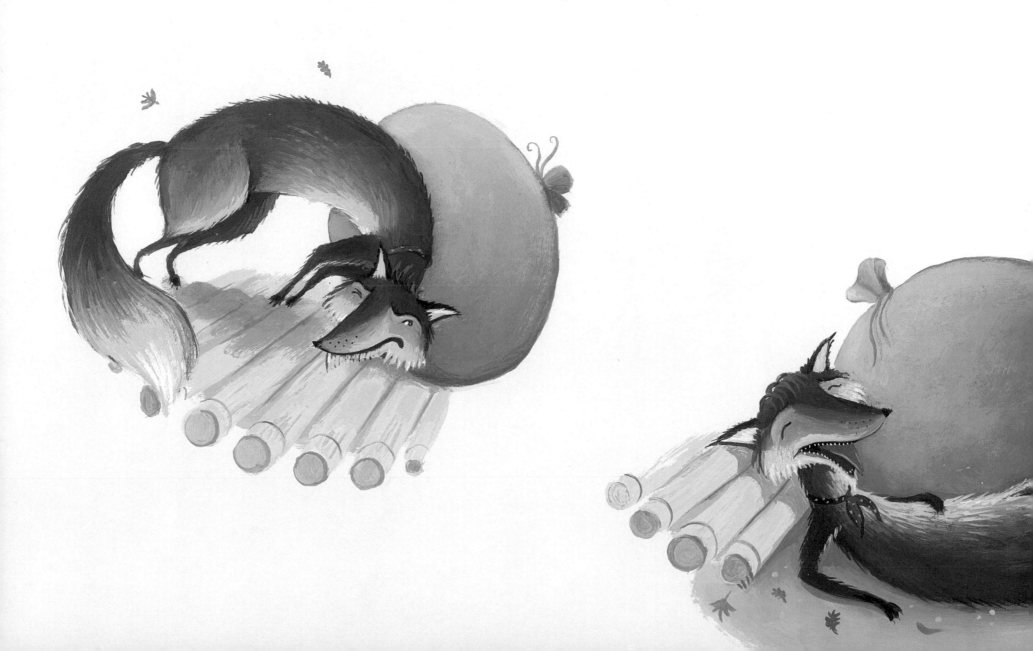

Now was Little Red's chance.

To było okazją dla Małej Szkarłatki.

Wydostała się z worka i pobiegła
szybciutko, co sił w górę po schodach.

She squeezed herself out of the sack and ran
as fast as she could, up, up, up the stairs.

Gdy Mała Szkarłatka odsapnęła, pomyślała o biednym Chytrusku i kłopotach, w których się znajdzie. Jakże mogłaby mu pomóc?

When Little Red had recovered she thought about poor Sly and all the trouble he would be in. What could she do to help?

Rozejrzała się po swojej kuchni i przyszedł jej do głowy pomysł.

She looked around her kitchen and then she had an idea.

Gdy skończyła, obudziła Chytruska i opowiedziała mu o swoim planie.

When she had finished she woke Sly and told him of her plan.

Chytrusek poszedł do domu
z ciężkim workiem.
Zrobił obiad i nakrył do stołu,
a potem zawołał do Mamy -
Pieczona kura jest gotowa,
chodź na obiad!

Sly went home with his heavy sack.
He made the dinner and set the
table, and then he called his mum.
"Roast chicken is ready, come and
get it!"

Czy Mama Chytruska wrzeszczała i krzyczała?
Piszczała z zachwytu. Pokrzykiwała z radości -
To jest najlepszy obiad jaki kiedykolwiek jadłam!

And did Sly's mum scream and shout?
She screamed with delight.
She shouted with joy: "That's the best
dinner I've ever had!"

Od tego dnia Chytrusek wszystko gotował z pomocą swojej nowej przyjaciółki.
A Mama Chytruska, cóż dokuczała mu już tylko od czasu do czasu.

From that day forth Sly did all the cooking with the help of his new friend.
And Sly's mum, well she only nagged him now and then.

To the children of Mrs Michelsen's Class of 02
at Moss Hall Junior School
H.B.

For my friends, Rebecca Edwards
and Richard Holland
R.J.

First published in 2002 by Mantra Lingua Ltd
Global House, 303 Ballards Lane
London N12 8NP
www.mantralingua.com

Text copyright © 2002 Henriette Barkow
Illustration copyright © 2002 Richard Johnson
Dual language copyright © 2002 Mantra Lingua Ltd
This edition 2012

A CIP record for this book is available from the British Library